Abécédare
illyprint

951

Mort de Jesus-Christ.

1 a Resurrection.

ABÉCÉDAIRE

RELIGIEUX, MORAL,

INSTRUCTIF ET AMUSANT:

Suivi d'Éléments d'Arithmétique, à la portée des enfants ;

ORNÉ DE TRÈS-JOLIES VIGNETTES,

Représentant des sujets de l'Ancien et du Nouveau Testament, dessinées par R œ h n, et gravées par D o r g e z, D e l i g n o n, D u p r e e l, etc.

PAR UN ANCIEN PROFESSEUR.

PARIS,

A la Librairie Économique, rue de la Harpe, N°. 94, ancien Collège d'Harcourt.

M. DCCC. VI.

(951)

INSTRUCTION.

Les difficultés de la lecture sont telles pour un enfant, que tous les soins doivent tendre à prévenir la fatigue et le dégoût. La méthode de nommer les lettres par le son qui leur est propre, est un excellent moyen fourni par MM. de Port-Royal, et nous l'avons suivie; mais nous supposons d'abord que le son est constamment le même, afin de ne pas nous écarter de notre plan, qui est de ne présenter qu'une difficulté à la fois. Les figures sont très-propres à fixer l'attention des enfants; et pour les encourager, on leur fait former dès la 3e. leçon, et sans épeler, des syllabes où l'on n'a mis que des sons déjà connus. Les difficultés sont ensuite classées dans un ordre nouveau, qui les réduit à six branches, et où tout est calculé : la gradation des difficultés,

le choix des mots, des syllabes ;
en sorte qu'il faut rigoureusement
ne passer à une leçon, qu'après
avoir bien appris les précédentes.
Tous les principes donnés, on ex-
pose les exceptions une à une ; et
alors, l'enfant, déjà avancé, ne les
compte plus pour des obstacles.
Enfin on prépare à la lecture suivie, par des règles de prononcia-
tion, soit pour les mots, soit pour
la liaison, l'aspiration, etc. On
trouve encore à la fin un petit
traité d'arithmétique, où les principes de la numération et des
règles sont exposés avec clarté et
précision, ainsi que le système
décimal des poids et mesures.

Nota. Un moyen digne d'être recommandé
pour fixer l'œil de l'enfant, et le conduire
promptement à distinguer ses lettres, c'est de
les lui faire écrire en même temps qu'il les
apprend.

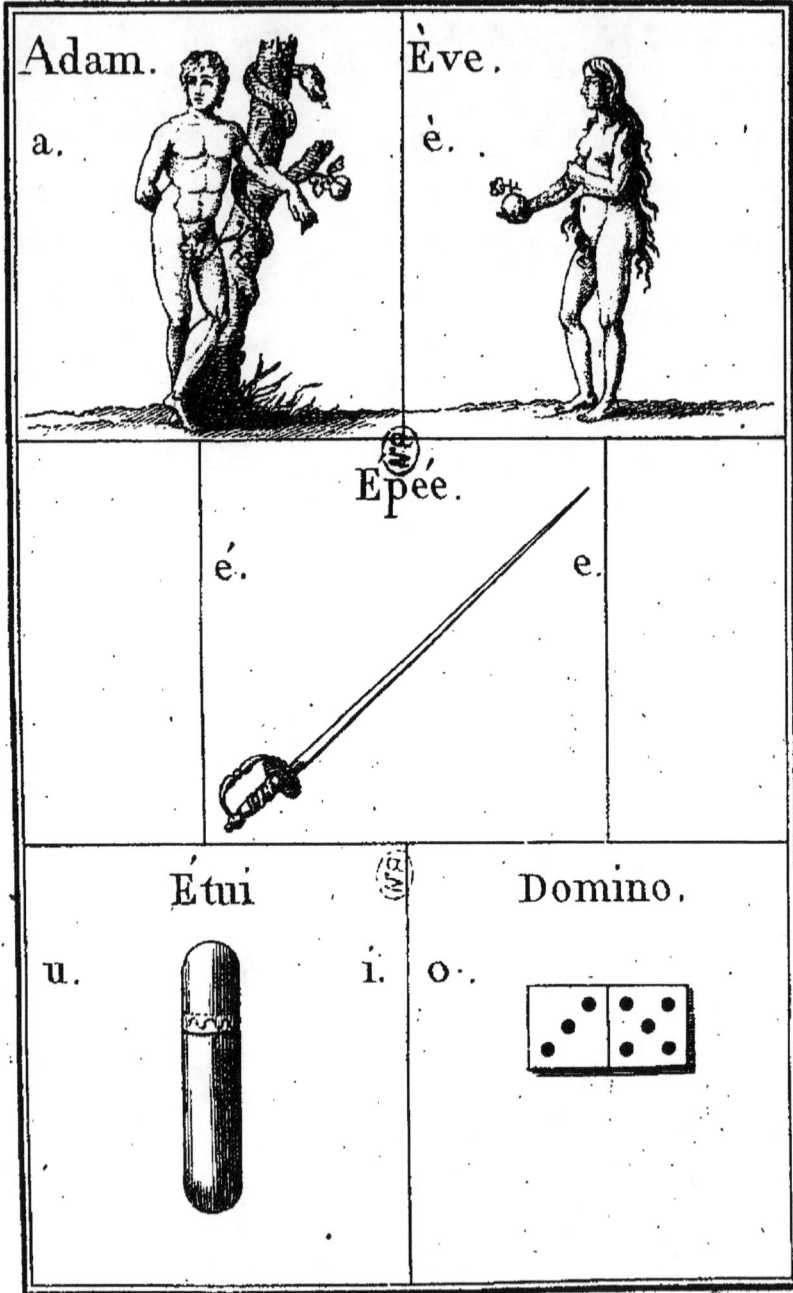

Adam.	Ève.
a.	è.

Épée.

é.   e.

Étui	Domino.
u.	i. o.

Bigant

ABÉCÉDAIRE.

PREMIÈRE LEÇON.

Voyelles simples.

Les sons qu'elles représentent, se forment en remontant par degrés, depuis la gorge jusqu'aux lèvres.

a

e muet

é fermé

è ouvert

i

o

u.

Exercice.

o , è , u , é , i , a , e , è , é , a , u , o , e , i.
i-a , i-è , i-é , i-o , u-i , u-é , u-a , u-è ,
i-é , u-i , i-a , i-u , u-é , i-o , u-e , i-c.

DEUXIÈME LEÇON.

Consonnes.

Les sons qu'elles représentent, se forment en descendant par degrés, depuis les lèvres jusqu'à la gorge.

Nota. Chacune se prononce avec le son d'e muet, après elle.

Noms des organes employés.	Degrès du son.		
	fort.	foible.	très-foible.
Lèvres, pe , be , me...	p	b	m
Lèvre inférieure et dents supérieures , fe , ve..	f	v	
Langue et dents supérieures , te , de.......	t	d	
Dents serrées , se , ze...	s	z	
Langue et palais , le , ille.	l	i...l (l mouillé)	
Idem, plus fort, n....	n	gne (n mouillé)	
Langue frôlée contre le palais , re............	r		
Langue et palais , très-avant, che, je.......	ch	j	
Gorge, que , gue........	c	g	
Signe d'aspiration , he..,			h

Exercice.

p , c , b , g , m , r , f , ch , v , j , s , n ,
z , gn , t , l , d , i...l , gn , g , p , j ,
f , s , t , c , m , ch , v , r , z , n ,
d , r , l , i...l , h.

Troisième Leçon.

Syllabes , ou signes qui se prononcent
ensemble , sans intervalle.

Les consonnes initiales forment
une seule syllabe avec les voyelles
suivantes :

Je , le , la , me , ne , te , pli , pré ,
pli-é , bu , bru , fi , va , tu , du , dru ,
su-é , li-é , ni-é , ri , si , cri , cru , gré ,
pri-é , cri-é , tu-é , tri-é.

Les consonnes finales se prononcent avec la voyelle précédente , et
la rendent brève ; *s* et *t* ne se prononcent point, et *s* rend la voyelle
longue , ainsi que l'accent circonflexe
(^) , par-tout où il se trouve.

Pal , par , pas , plat ; bal , bas , bras ,

bat ; cap , crac , cas ; job, roc , rot,
gros, vif, pris , lit ; suc , jus , but ;
lac , las , sac , choc , chat , ras , rat,
bol, soc, sot, troc , cor , tort , tas , bât,
fût , pô.

Quatrième Leçon.

Une consonne seule entre deux
voyelles, se prononce avec la voyelle
suivante.

A-mi, a-ni-mé , é-vi-té , i-mi-té ,
é-lu , a-pi, u-ni , é-pi , a-me-né ,
a-va-lé , é-dit , é-di-fi-é , po-li, pro-bi-
té , pro-fit , re-mis, dé-fi , dé-bat ,
ra-bot, sa-bot, re-pos, flû-té , bâ-ti ,
pâ-té.

La consonne redoublée se partage
entre les deux voyelles ; les organes
se serrent en prononçant la 1.re, et
se séparent en prononçant la suivante ; ce qui rend la 1.re voyelle
brève.

Af-fi dé , al-li-é , pal-li-é , al-lé,
chas-sé, as sas-si-né , as-si mi-lé , ar-

Soleil.	Vache.	Lune.
s. il.	v. ch.	l. n.

Fenêtre.	Jambe.	Peigne.
f. r.	j. b.	p. gn.

Carte.	Gobelet.	Dame.
c. t.	g.	d. m.
	Zébre.	
	z.	

Bigant S.

ri-vé , is-su , ac-cu-mu-lé , ir-ri-té ,
a-don-né , sab-bat , com-mo-di-té ,
ac-com-mo-dé , ban-ni.

Cinquième Leçon.

Deux consonnes différentes se séparent, comme la consonne redoublée, à moins que la deuxième soit *l*
ou *r* après p-b, f-v, t-d, c-g, qui les
prennent au commencement du mot.

Or-don-né, ab-ju-ré, ob-te-nu , orné , par-tir , pos-té , ac-cos-té , ap-pos-
té, cul-bu-té, cul-ti-vé; gré, a-gré-é; cri,
é-crit ; pris , mé-pris ; bris , dé-bris ,
a-bri; re-flu-é, dé-fri-ché, é-ta-blis.

La syllabe finale formée par e muet
prend moins de son, et s'unit plus
rapidement à la précédente.

Vi.e, vu.e , u.ne , bal.le , ca.pe , ti.
gre, bul.le, ré-glis.se, ta.ble, ca.ble,
tu.be , ca.ve , cu.ve , gol.fe , la.me ,
i-vro.gne , ta.che , so.cle , su.cre , pat-
te , ri.de , gar.de , ga.ze.

SIXIÈME LEÇON.

H initial ne change rien au son des voyelles ; et au milieu du mot, il les sépare en deux syllabes.

Ha, hé, hè, hi, ho, hu, ha-ché, hé-ros, hè-re, hom-me, hu-mi-de, har-di, har-de, ba-hut, pro-hi-bé, co-hor-te, tra-hi

L'apostrophe (') n'empêche pas la consonne précédente de s'unir à la voyelle suivante.

J'ar-ri-ve, l'a-me, l'é-té, l'hom-me, l'hu-mi-di-té, il m'a é-vi-té, s'il par-le, il n'ar-ri-ve pas, l'hon-neur, s'il t'a-mè-ne, il t'ho-no-re.

SEPTIÈME LEÇON.

Voyelles composées.

Les voyelles *a*, *e*, *o*, s'unissent à l'*i*, ou à l'*u* qui les suit, et il en résulte un autre son.

ai
ei } .. è

oi	oa	⎰ diphtongue , deux sons de voyelles prononcés ensemble.
au	o	

eu	eu	⎰ deux sons nouveaux, prononcés sur les lèvres , aussi bien que l'u , et formant deux nouvelles labiales.
ou	ou	

Exercice.

Ai-gu , ai-gre , vei-né , pei-né , Seine, loi, roi, aus-si , pau-vre , é-tau , sar-rau, peu , heur-té , sou , fou , ou-tré , cou-dre , toi–le , poi–le ; sou–fre , mi–grai–ne , lai–deur, haut-bois , tau-pe.

HUITIÈME LEÇON.

Les voyelles qui s'unissent habituellement entr'elles se séparent accidentellement par l'accent, le tréma, ou le signe d'aspiration.

Vrai, Si-na-ï ; rei-ne, ré-i-té-ré ; poi-le, zo-île ; Paul, Sa-ül ; peur ,

ré-u-ni ; é-toi-lé, hé-ro-ïs-me , haï ,
é-ba-hi ; pois , pro-hi-bé ; jeu, jé-hu.

Neuvième Leçon.

Voyelles unies avec les consonnes m n.

a : am-an	
e : em-en	} an
i : im-in	
ai : aim-ain	} in
ei : eim-ein	
o : om-on....on	
u : um-un....un	

Quatre sons nouveaux formant les voyelles appelées *nasales* , parce qu'elles se prononcent du nez.

Exercice.

En - ti - ché , pam-pre , en-can ,
as-sem-blé, ca-dran, vin, pain, faim,
sain, se-rein, frein, om-bré, on-de,
mon-ta-gne , un , hum-ble , a-lun,
em-prun-té , par-fum, ré-im-pri-mé,
Ca-ïn ; *voyez* leçon 8ᵉ.

Dixième Leçon.

Les nasales ne se trouvent que
devant les consonnes autres que *m*,
n, et à la fin des mots ; et la consonne
qui suit les nasales à la fin de des mots
est nulle.

Enclume.	Cadran
en.	an.

Poisson.

oi.   on.

Moulin.	un Feu.
ou. in.	un. eu.

Bigant Sc.

Am-bre , en-ta-ché , chan-frein ,
con-com-bre , pan-tin , pon-dre , pont ,
ca - non , em-prein-te , fon - te ,
am-mo-ni-ac , an-née , com-mo-de ,
som - nam - bu - le , am - nis - ti-e ,
sam-ni-te , in-som-nie , un banc , du
blanc , du vent , du plomb , un rond ,
le front , du jonc , prompt , vingt ,
un camp , long-temps , prin-temps ,
un é-tang , il pré-tend.

Onzième Leçon.

em-en , non initial , suivi de *m* ou
de *n* , se prononce comme *a* , devant
un son plein ; comme *è* , devant une
syllabe muette :

Sa-vant , sa-vam-ment , cou-rant ,
cou-ram-ment , pru-dent , pru-dem-
ment ; vi-o-lent , vi-o-lem-ment , con-
cur-rem-ment ; in-dem-nité , so-len-
ni-té , et *fem-me.* en-ne-mi , é-tren-
ne , mi-en-ne , etc. Voyez *e* suivi
d'une consonne , leçon 14ᵐᵉ.

Il reste nasal dans em-me-né ,
em-man-ché , en-nui , en-no-bli.

Douzième Leçon.

Signes étrangers avec des sons connus.

i   y grec
f   ph grec
t   th grec
r   rh grec
c   K grec ·

son fort   c - se ⎱ x ⎰ lettre double ;
son foible   g   ɀe ⎰   ⎱ gorge et dents

Exercice.

A-mi, a-by-me ; plis-sé, crys-tal,
il é-touf-fa , so-pha , pro-phè-te ,
do-té , a-thé-e, ca-thé-dra-le ; ra-me,
rhu-me , rhu-bar-be ; ca-po-te ,
Ky-ri-é, lók.

Treizième Leçon.

Y forme le son nasal , comme l'i :
tym-pan , syn-dic , olym-pe , nym-
phe.

Les deux lettres formant une consonne pour peindre un seul son , ne
se séparent point dans les syllabes.

A-che-té, po-che, i-vro-gne, Sa-pho, a-thé-is-me , tro-phé-e , ro-gné , ha-ché , re-pro-ché , So-phi-e , a-thé-né-e.

X , lettre double, représente deux consonnes différentes, qui se séparent dans les syllabes ; à la fin , il est nul après les voyelles composées , mais il les rend longues.

Taxé, tac-sé ; fixé, fic-sé, oxi-dé, oc-si-dé, axi-o-me, ac-si-o-me ; axe, ac-se ; fixe, fic-se. La paix, un faix, deux, peu-reux, doux, jaloux, baux, che-vaux, faux, travaux.

QUATORZIÈME LEÇON.

Influence des consonnes sur les voyelles.

E , suivi dans le mot d'une consonne en même syllabe, se prononce è bref, ainsi qu'avec *t* final :

Es-ti-me, her-be, ef-fet, per-mis, bel-le, el-le, ré-el, di-lem-me, en-ne-mi, é-tren-ne, mien-ne, ex-tirpé, ex-ter-mi-né, ex-trait, vo-let, pa-let, re-flet.

A la fin, il est fermé avec *r* et *z* finals ; ouvert avec *s*, dans les mots d'une syllabe, et toujours avec l'accent circonflexe :

Aimer, vous ai-mez ; cher-cher, vous cher-chez ; pru-nier, pom-mier, por-tier, co-cher, clo-cher, ro-cher, as-sez ; et dans pied, mar-che-pied, il sied, il s'as-sied, une clef. Les, ces, des, tu es, mes, tes, ses, il est ; quête, prêtre, extrême, prêt, ap-prêts, ac-quêts, con-quê-te.

Il reste muet avec *s* final dans les mots de plusieurs syllabes, et même avec *nt* dans les mots à action, qui marquent ce que *sont*, ce que *font* plusieurs personnes.

Les plu-mes, les hom-mes ; nous prî-mes, ils pri-rent ; il aime, ils ai-ment ; il ai-ma, ils ai-mè-rent ; il fit, ils firent ; il voit, ils voient ; il boit, ils boivent.

QUINZIÈME LEÇON.

Influence des voyelles sur les voyelles.

Y , entre deux voyelles , vaut deux i , dont l'un fait diphtongue avec la voyelle précédente , et l'autre avec la suivante.

Broyé, broi-ié; ef-frayé, ef-frai-ié; payé , pai-ié; nous payons , nous pai-ions ; vous payez , vous pai-iez ; ils payent, ils pai-ient; moyen , moi-ien ; joyeux , joi-ieux.

En final, après *e, i*, se prononce *in :*

Mien , tien, sien , bien , rien , li-en, pa-ïen, eu-ro-pé-en. *de même* je viens , tu viens , il vient ; je tiens , tu tiens , il tient ; *et leurs composés:* je re-viens, je sur-viens, je par-viens; je con-viens , je préviens ; je retiens , je sou-tiens , je con-tiens , j'ob-tiens, je dé-tien-drai, je vien-drai.

Le son de l'è muet est nul devant une voyelle à laquelle il ne s'unit pas :

De l'eau , un veau , beau , **bu-reau** ,

trou–peau ; il mangea , il se ven–gea ,
en–ra–geant, nous man–geons; *et dans*
j'eus , (j'us) ; tu eus , (tu us) ; il
eut , (il ut) ; nous eûmes , vous
eûtes , ils eu–rent ; il a eu , j'ai eu.

Seizième Leçon.

Influence des voyelles sur les
consonnes.

Entre deux voyelles , *r* se prononce
plus doux ; et *s* se prononce *ż*.
(La voyelle qui précède ce son est
toujours longue).

Mar–tyr , mar–tyre ; dur , dü–re ,
du–rée , du–ra–ble ; pur , pu–re ,
pu–re–té ; sou–pir , je sou–pi–re ,
pos–té , po–sé ; rus–tre , ru–sé ; ro–sc,
ru–se , ri–sée , ar–ro–soir , boi–sé ,
toi–sé , toi–son , poi–son , rai–son ,
sai–son , ti–son , bar–ba–ri–e , pè–re ,
mè–re , li–re , ins–crire.

X initial , ou précédé de l'e initial ,
a le son gz :

Exa–mi–né , exis–ter , exhor–ter ,

Xan-tip-pe, Xé-no-phon, exhi-ber, exhé-ré-dé , exhu-mer.

DIX-SEPTIÈME LEÇON.

c se prononce s devant e , i; et *qu* le remplace alors , pour le son dur de la gorge.

La fa-ce , a-ci-de, a-cé-ré , a-ga-cer, ce-ci , ce-la , ci-dre , Cé-ci-le , con-ci-le , cé-dé , ac-cé-der; quit-té , Pas-quin , que , co-que-mar , ho-que-ton , co-que, bou-ti-que , cro-quis , con-quis.

Ç avec la cédille , se prononce s , même devant a , o , u :

Fa-ça-de , ma-çon , fa-çon , for-çat , con-çu, re-çu, nous re-çû-mes , il con-çut des soup-çons , A-len-çon, Be-san-çon , ha-me-çon , le-çon , aper-çu.

DIX-HUITIÈME LEÇON.

g se prononce j devant e , i ; et se remplace par *gu* pour le son doux de la gorge.

Je gé-mis, sa-ge, a-gir, pa-ge, to-ge, pur-ger, par-ta-ger, pro-té-ger ca-ge, ju-ge, a-gi-ter, nous na-geons, nous man-geons, des na-geoi-res, un gué, gui-dé, gui-don, di-gue, pro-di-gue, pro-di-gué, nar-gué, mor-gue, or-gue, gué-ri-don, gué-ri-son, guè-re, à sa gui-se, gueu-le, guim-pe.

DIX-NEUVIÈME LEÇON.

Ti, au milieu du mot, s'il n'est point précédé de *s*, ou de *x*, se pro-nonce *si*, dans les mots où il se trouve devant une voyelle qu'ils ont toujours, et qui fait une syllabe séparée.

Por-ti-on, par-ti-al, par-ti-el, i-ner-tie, pri-ma-tie, bal-bu-ti-er, i-ni-ti-er, sé-di-ti-eux, ac-ti-on, fac-ti-on, am-bi-ti-eux, mar-ti-al, mi-nu-ti-e, dé-mo-cra-tie.

Initial, ou après *s*, *x*, dans une diphtongue, ou devant l'e muet du féminin, il se prononce *ti*.

Ti-a-re , tien , bas-ti-on , ges-ti-on , di-ges-ti-on , mix-tion , in-di-ges-ti-on , sug-ges-ti-on , chas-ti-er, ou, châ-ti-er ; nous par-ti-ons, vous par-tiez , mé-tier , por-tier , sen-tier ; sen-ti , sen-ti-e , par-ti, par-ti-e , re-par-ti , re-par-ti-e.

Vingtième Leçon.

L redoublé est mouillé après *i* non initial, ou seul, ou précédé de *a* , *e* , *eu* , *ou* ; après ces 4 signes, i est nul, et ne fait que marquer le son mouillé , même pour *l* final simple.

Il-lé-gi-ti-me , il-lu-mi-né , il-lus-tre , il-li-mi-té ; fil-le , quil-le , pil-ler , é-tril-ler , pail-lon , meil-leur , feuil-lé , bouil-li , fail-li , treil-lis ; bail , bé-tail , co-rail , ver-meil , mé-tail , seuil , feuil-le , fe-nouil , brouil-lé.

L n'est point mouillé , quoique re-doublé après i, dans ar-mil-lai-re va-

cil-ler, dis-til-ler, scin-til-la-ti-on,
bil-li-on, mil-li-on, ca-pil-lai-re,
pil-lu-le, ser-pil-li-ère, syl-la-be,
vil-la-ge, A-chil-le, cal-vil-le,
ca-mo-mil-le, gil-le, im-bé-cil-le,
mil-le, pu-pil-le, si-byl-le, tran-
quil-le, vau-de-vil-le, vil-le.

ALPHABET *quintuple, dans l'ordre abécédaire;*
formé des majuscules et des minuscules, soit im-
primées, soit exécutées à la main.

A a	B b	C c	D d	E e
A a	*B b*	*C c*	*D d*	*E e*
A a	*B b*	*C c*	*D d*	*C e*
A a	*B b*	*C c*	*D d*	*C e*
A a	*B b*	*C c*	*D d*	*C c e*
F f	G g	H h	I i	J j
F f	*G g*	*H h*	*I i*	*J j*
F f	*G g*	*H h*	*J i*	*J j*
F f	*G g*	*H h*	*J i*	*J j*
F f	*G g*	*H h*	*J i*	*J j*
K k	L l	M m	N n	O o
K k	*L l*	*M m*	*N n*	*O o*
K k	*L l l*	*M m*	*N n*	*O o*
K k	*L l*	*M m*	*N n*	*O o*
K k	*L l l*	*M m*	*N n*	*O o*
P p	Q q	R r	S s	T t
P p	*Q q*	*R r*	*S s*	*T t*
P p p	*Q q*	*R r v*	*S s s*	*T t t*
P p p	*Q q*	*R r v*	*S s s*	*T t t*
P p p	*Q q*	*R r v*	*S s s*	*T t t*
U u	V v	X x	Y y	Z z
U u	*V v*	*X x*	*Y y*	*Z z*
U u	*V v v*	*X x x*	*Y y*	*Z z z*
U u	*V v v*	*X x x*	*Y y*	*Z z z*
U u	*V v v*	*X x x*	*Y y*	*Z z z*

Observations sur les Voyelles.

Exception à la septième leçon.

Ai se prononce *é*, dans les mots qui rapportent l'action au passé ou à l'avenir.

Il y a deux jours, je fermai, je chantai, j'appelai, je frappai, je pensai ; demain je fermerai, je chante-rai, j'appellerai, je frapperai, je penserai.

Oi se prononce *è*.

1°. Dans foible, foiblesse, harnois, monnoie, pamoison, paroître, je parois, connoître, je connois, j'apparois, je comparois, je reconnois, méconnois.

2°. Dans les mots marquant une action passée ou conditionnelle :

Ce matin, je cherchois, je touchois, je sautois, ils dansoient, ils sautoient, ils écrivoient ; à présent je sauterois si je pouvois, je rirois si j'osois, je travaillerois si j'étois sage.

3°. Dans la plupart des noms d'habitants de lieu :

Les marseillois, lyonnois, mâconnois, françois, anglois, bourbonnois, toulonnois, hollandois, piémontois.

Ei se prononce *eu* après cu, gu, dans

Accueil, cercueil, cueillir, accueillir, recueillir, écueil, orgueil, orgueilleux : comme œi dans œillet.

Exception à la neuvième leçon.

Em-en se prononce *in* dans

Agen, agenda, Benjamin, compendium (ome), Eden, Marengo, mentor, pensum (ome), sempiternel ; voyez aussi après *i*, leçon quinzième.

Um se prononce *ome*, et un, *on* dans

Compendium, le décorum, les duumvirs, les triumvirs, du galbanum, le maximum, le minimum, le muséum, l'opium, le palladium, un pensum, boire du rhum, le traité de Munster , du punch , les nuits d'Young, *(que)* le détroit du Sund, *(de)* et d'autres prononcent aussi trionvir ,opion. , etc.

Exception à la quatorzième leçon.

E reste muet devant deux *s*, dans Ressasser, ressembler, ressemeler, ressentir , resserrer , ressort , ressortir , ressouvenir , ressource , ressuer , dessus , dessous.

Exception à la quinzième leçon.

Y se prononce comme i simple , et avec la dernière voyelle, dans Bayeux , Bayonne , Mayence , Mayenne ; avec la première voyelle, dans l'Aveyron, Lyon , Troyes.

Abbaye , pays , paysage , paysan , se prononcent, abbai-i-e , pai-is , pai-i-sa-ge , pai-i-san.

Exception à la dix-septième et à la dix-huitième leçon.

U, ordinairement nul après *q*, *g*, se prononce 1°. *ou*, devant a , dans

Aquatique, équateur, équation, la Guadeloupe, in-quarto , quadragénaire , quadragésime , quadrature , quadrilatère, quadrupède , quadruple.

2°. *U* devant e, i, sans tréma, dans

Aigu, aigue, aiguité, aiguille, aiguillon , aiguiser, aiguiseur ; ambigu , ambigue, ambiguité ; contigu, contigue, contiguité ; équestre, équitation , le duc de Guise ; questeur , à quia, quiétiste, quiétude , un quidam , quintuple , quinquagénaire, (coua) quinquagésime , (coua) quinquennium , (ome) Quinte-Curce, quirinal, ubiquiste.

Voyelles nulles.

A nul dans, le mois d'août (d'oût), la Saône (Sône), un taon (ton).

E nul dans la ville de Caen (Can), Maestricht (Mastric), i nul ; voyez l mouillé, vingtième leçon.

O nul dans , paon (pan), la ville
de Laon (Lan), faon (fan) ; et
dans bœuf, (beuf), cœur , (queur),
mœurs , nœud (neu), œuf, œuvre ,
manœuvre, sœur, vœu; et œil, œillet.

OBSERVATIONS SUR LES CONSONNES.

Exception à la deuxième leçon.

Ch se prononce *c* devant les consonnes :

Chrétien , christ ; christine ,
saint-chrême , saint-christophe ,
chromatique , chronique , chrono-
logie , chrysalide , anachronisme ,
cochléaria , drachme , technique ,
saint-Roch ; et même devant les
voyelles , dans Achab , Chanaan ,
chaos , Chersonnèse , chirographaire ,
chiromancie , chœur de musique ,
faire chorus , anachorète , archange ,
archiépiscopal, Bacchus, bacchanales,
bacchante , catéchumène , Eucharis ,
eucharistie , Melchior , Michel-Ange ,
Nabuchodonosor , orchestre , pa-

triarchat, Zacharie; les frères Macha-
bées, le roi Ochosias, la ville de
Jéricho.

G n, se prononce g-ne, dans

Gnide, gnome, gnomonique, gnos-
tique, ignée, ignicole, ignition, inex-
pugnable, Progné, regnicole, stag-
nant, stagnation.

Exception à la quatrième leçon

Les consonnes redoublées se font
sentir plus fortement dans certains
mots, comme

Addition, reddition, illégitime,
illusion, allégorie, belliqueux, col-
latéral, malléable, sollicoiter, Pallas,
immobile, immodéré, immuable, an-
nales, annuité, annuller, irréparable,
irruption, erreur, abhorrer, etc.

Exception à la cinquième leçon.

Deux consonnes différentes, qui
ont le même son, sont censées une
seule consonne au commencement

3

du mot, et une consonne redoublée dans le mot :

Acquit, acquitter, acquêt, acquis; ascendant, ascétique, science, scène, obscène.

Exception à la douzième leçon.

X n'a que le son *q* devant *c* doux. Exciper, (ec-si-per), exciter, excepter, excentrique; et il a le son s dur dans, Auxerre, Aix en Provence, Aix-la-Chapelle, Auxonne, Bruxelles, soixante, Xerxès, ils sont six, ils sont dix; il a le son *z* dans, dixain, dixaine; dixième, dixièmement, deuxième, deuxièmement.; sixain, sixième, sixièmement.

Exception à la seizième lecon.

S a le son dur, même entre deux voyelles, dans

Abasourdir, désuétude, monosyllabe, parasol, préséance, présupposer, resaisir, resucer, tournesol, vraisemblance, vraisemblable.

Il a le son doux (z) sans être entre deux voyelles , dans

Alsace , balsamine , balsamique , transiger , transaction , transalpin.

Consonnes nulles dans le mot.

P, Dans baptême, Baptiste, compté, compter , prompt, prompte, promptitude , exempter , sept, symptôme ; f, dans chef-d'œuvre , cerf-volant ; g , dans Magdeleine , doigté , sangsue , signet d'un livre , vingt, doigt ; m , dans automne , damner , condamner , condamnation , condamnable ; q, dans coq-d'inde ; s dans il est.

Consonnes finales : dans le mot, et en liaison.

La liaison des mots consiste à faire sonner la consonne finale d'un mot, sur la voyelle initiale du mot suivant ; et toute consonne sonore se lie avec le son qui lui est propre , même suivie d'e muet.

Job étoit pauvre, bec alongé, David étoit roi, chef arrêté, zig-zag imparfait, bel oiseau, cep à renouveler, par avance, sac à vin, fol orgueil. Cette syllabe est longue, boutique à louer, la promenade est belle, la surface est de dix pieds, la fosse aux lions, prendre la balle au bond, tisane à boire, tempête effroyable, tache à lever, bague à vendre, montagne escarpée.

Les consonnes r, s, t, x, habituelle-ment nulles à la fin des mots, devien-nent sonores dans les cas suivans :

R après e sonne dans Alger, amer, belvéder, cancer, cher, cuiller, enfer, éther, fer, fier, frater, hier, hiver, Jupiter, Lucifer, ma-gister, mer, Munster, tiers, ver, vers, vert ;

Alors il se lie avec le son dur, et l'e reste ouvert :

Amer à boire, mer agitée, fer à tremper, hiver à passer, Jupiter en colère, ver-à-soie, fier-à-bras.

S sonne dans ambesas , ananas ,
as , hélas , Madras , atlas , laps ,
Mars , Agnès , aloès , ad honorès ,
florès ; Adonis , Amadis , bis , gratis ,
jadis , la lys , un deprofundis , le
Tanaïs , une vis ; le Calvados , la ville
de Mons , de Reims , Rubens , ours ,
agnus , bibus , blocus , calus , chorus ,
fétus , hiatus , angelus , olibrius ,
orémus , rasibus , rebus , talus ; et
Agésilas , Midas , Cérès , Gigès ,
Palès , Xerxès , Iris , Thétis , Argos ,
Minos , Lesbos , Bacchus , Darius ,
etc. , il se lie avec le son dur.

L'as est sorti, Mars est le dieu de
la guerre , l'angelus est sonné ,
Mons a été pris d'assaut.

T sonne dans fat , mat , véniat ,
exéat , Brest , est , ouest , lest de
navire , un zest , zist-zest , accessit ,
introït , rit , rapt , Apt , tact , contact ,
toast , strict , subit , transit , direct ,
indirect , correct , dot , chut ! brut ,
granit , infect ; Goliath , luth , zénith ,

Elisabeth , sept, huit , prétérit , débet, déficit, tacet, occiput, vivat.

Le fat est raillé , le rit est changé , sept hommes, un déficit énorme , le droit de transit est payé , le rapt est puni.

X sonne dur dans, Ajax, Astyanax, index , larynx , Félix , phénix , lynx , Pollux , préfix , sphinx , storax , Styx ; Félix est parti , le Styx est un fleuve , etc.

Consonnes nulles, à liaison habituelle.

Avec leur son naturel :

Almanac , estomac , tabac , trafic , aspect , respect , suspect , circonspect , trop ; *r*, *z*, avec e fermé : berger , léger , altier , messager , cacher , rocher , prier , toucher , etc.; assez, vous venez, vous veniez, vous pensiez, passez. Il bat, effet, il fait, bruit, pot, but , charmant, pont, vingt, etc.

Almanac étranger, estomac affoibli,

tabac à fumer , trafic infame , aspect
imposant , respect et soumision ,
trop habile , berger adroit , léger à
la course , prier à mains jointes ,
toucher au doigt , assez entendu ,
venez à moi , passez ici , chez un
voisin , il bat aux champs , effet
étonnant , pot-à-eau , vingt hommes.

Avec un autre son :

S , x sonnent z : pas un , les yeux,
deux yeux , les hommes étaient assis ,
des vœux indirects, les yeux ouverts,
délits à punir , plusieurs affaires
étoient entreprises à la fois en ces
lieux , bois à vendre.

Consonnes nulles , à liaison accidentelle.

D se lie avec le son fort *t* , après r ,
et après le son nasal , dans les mots à
action , avec les complémens sur-tout.

Il perd à quitter , il mord à l'hame-
çon , grand homme , il prétend
arriver , il se morfond au travail ,

quand on le voit, il se rend à Paris, il vend à bas prix, il descend ici, fécond en artifices. Connoître le fort et le foible.

N dans en, on, un; j'en arrive, on aime, mon ami, bon ami, un homme, ancien ordre.

Blanc, clerc, un croc, pied, il s'assied, il sied, fond, second, long, joug, sang, bourg, etc.

Du blanc au noir, franc et quitte, de clerc à maître, un croc en jambe, pied-à-terre, armé de pied en cap, il sied à tous, de fond en comble, un second ami, un long avenir, un joug insupportable, le sang (q) humain, au bourg (q) et au village, Bourg en Bresse, vingt, vingt-deux, quatre-vingt-deux.

Consonnès nulles, dans le mot et en liaison.

Plomb, banc, cotignac, alambic, arsenic, cric, Saint-Brieuc,

poids de marc , accroc , escroc , un
broc de vin , jonc , tronc , des lacs
de soie , rond, bond, nœud, trepied ,
chaud , penaud , muid, nid , rustaud,
lods , laid , tard ; d-s-t , après r :
bord , alors , sort , etc. une clef ,
un cerf , hareng , étang , vieux-oing ,
poing , scheling , sterling , seing,
faubourg , baril , babil , chenil ,
coutil, fenil, fournil, fusil, gentil, gril,
nombril, outil, persil, sourcil, gratte-
cul , fils , pouls , soûl , faim , daim ,
thym , coup , loup , sirop , camp ,
champ , drap , Mantes , Nantes ,
Tarbes , Jacques , etc. , et les finales
an, in , on , un.

Plomb à vendre , jonc entrelacé ,
nœud à faire , laid à faire peur ,
abord impossible , port assuré ,
revers inattendu , clef arrangée ,
cerf agile , babil insupportable ,
outil à prendre , pouls agité , il est
soûl à dormir , il a une faim à tout
avaler , loup affamé , champ à cul-

tiver , Nantes a souffert , Tarbes
est une ville, Jacques est parti, Charles
Emmanuel.

*Consonnes sonores , nullès par
accident.*

Un porc , du porc frais ; en bloc ,
un bloc de marbre ; vous le voulez
donc , vous voulez donc partir ; neuf,
neuf personnes , neuf (*v*) hommes ;
bœuf, du bœuf salé , le bœuf gras ;
œuf, un œuf dur ; nerf, un nerf
de bœuf; chef , chef-d'œuvre ; sept ,
sept personnes ; ils sont huit, huit
personnes ; coq, coq-d'inde ; cinq ,
cinq personnes ; le Christ, Jésus-
Christ ; le lys , une fleur de lys ,
six , six personnes ; dix, dix personnes , dix-sept, dix-huit, dix-neuf.

Aspiration.

Il ne se fait aucune liaison sur la
voyelle précédée de *h* aspiré. Il se
trouve dans

Un hableur , une hache , un hachis ,
des yeux hagards , un haha , une
haie , des haillons , en haine , je
hais , une haire , le hâle , les halles ,
des hallebardes , un haillier , faire
halte , un hameau , les hanches , des
hannetons , je hante , je happe ,
des hacquenées , des harangues , les
haras , nous harassons , vous harce-
lez , des hardes , enfants hardis ,
un hareng , une harengère , femmes
hargneuses , des haricots , des hari-
delles , un harnois , crier haro ,
une harpe , une harpie , un harpon ,
le hasard , se hâter , se hausser , un
hausse-col , un haut-bois , le haut ,
joues hâves , le Havre , un havresac ,
le cheval hennit , chez Henri , un
héraut - d'armes , le pauvre hère ,
crins hérissés , un hérisson , des
hernies , nos héros , un héron , une
herse , un hêtre , je heurte , un
hibou , traits hideux , une hiérarchie ,
je hisse un pavillon , un hochet ,

mettre le holà , en Hollande , un homard , en Hongrie , il est honni , une honte , le hoquet , une horde , allez hors d'ici , une hotte , le houblon , une houlette , une houppe , une houppelande , les houris , je le houspille , une housse , une houssine , le houx , un hoyau , chat-huant , une huche , une huée , le huit , je hume , une huppe , des hurlements , une hure , des hussards , enhardir , enharnaché.

On dit , les héros , et les vertus (z) héroïques , une héroïne , le haut , et nous exhaussons : le oui et le non , le onze , le un est sorti , et l'un de nous.

PAUSES.

Chaque signe de ponctuation exige un repos plus ou moins sensible : la virgule (,) le plus petit ; le point-virgule (;) un plus grand ; les deux points (:) une demi - reprise ; le point, une reprise entière ; et plu—

Adam et Eve dans le Paradis terrestre.

Punition d'Adam et Eve.

Bigant. S.

sieurs points (...) une suspension. C'est ce qu'il faut marquer dans la lecture , en observant qu'un repos marqué empêche toute liaison, dans la lecture suivie.

LECTURE SUIVIE.

Adam et Eve dans le paradis terrestre.

Après avoir créé le monde , Dieu voulut former à son image le premier homme et la première femme , afin qu'ils pussent l'aimer et l'honorer. Il les plaça dans le paradis terrestre , jardin délicieux , rempli de toutes sortes de fleurs , d'arbres et de fruits. La terre y produisoit sans culture ; les animaux n'y étoient point mal-faisants ; les oiseaux mêmes y étoient familiers : tout obéissait à l'homme. Adam et Eve y vécurent heureux tant qu'ils restèrent innocents ; mais le serpent vint tenter Eve , qui eut foiblesse de manger du fruit d'un arbre, auquel Dieu avoit défendu de toucher; elle en fit aussi manger à Adam; et tous les deux, oubliant les bienfaits du Créateur, se rendirent ainsi coupables de désobéissance envers lui. Il les en punit, pour montrer qu'il n'aime point les enfants désobéissants.

Punition d'Adam et d'Eve.

Adam et Ève n'eurent plus que des peines après leur crime. Tout étoit changé autour d'eux. Ils n'osèrent plus se présenter aux yeux de Dieu, qu'ils avoient offensé; leur conscience les tourmentoit; les animaux les fuyoient ou les menaçoient de leur faire la guerre. Pour comble de maux, Dieu leur envoya un ange ayant une épée flamboyante à la main, et qui les chassa du paradis terrestre. Tout honteux, ils allèrent chercher une autre demeure. Mais la terre ne pro-

Déluge. Arche de Noé.

Elévation de Joseph par Pharaon.

duisoit plus rien sans travail ; pour la première fois, il falloit se défendre contre les bêtes féroces, supporter les fatigues, le chaud, le froid, la faim, la soif, la douleur, les maladies. Ainsi, au lieu de tant de biens qu'ils avoient reçus de Dieu, ils n'eurent plus de lui que des châtiments, parce que quand on est juste, on ne peut aimer les méchants.

Le déluge.

Malgré la punition d'Adam et d'Ève, leurs enfants et leurs descendants furent la plupart assez malheureux pour se laisser entraîner dans le péché.

Caïn, fils aîné d'Adam, fit horreur à la terre en tuant son frère Abel, qui étoit doux et agréable à Dieu ; et d'autres commirent encore d'autres crimes. Alors Dieu, voyant que ses bienfaits étoient perdus, et que les hommes étoient endurcis dans le

crime, résolut de les détruire, à
l'exception de Noé et de sa famille,
qui étoient restés innocents. Les ayant
fait mettre dans une arche, avec deux
animaux de chaque espèce, Dieu
envoya pendant quarante jours et
quarante nuits une pluie abondante.
Les eaux s'élevèrent jusque par-dessus
les plus hautes montagnes, et tous les
méchants périrent dans ce déluge.
Comment pardonner à ceux qui se
montrent incorrigibles !

Élévation de Joseph.

*Joseph, l'un des fils du patriarche
Jacob, étoit bon et aimé de son père.
Ses frères méchants et jaloux le ven-
dirent à un marchand dont il devint
l'esclave. Joseph eut encore d'autres
malheurs ; il fut revendu au ministre
du roi d'Egypte, et mis en prison
injustement. Mais ayant prédit au
roi qu'il y auroit une grande famine
de sept ans, qui désoleroit ses Etats,*

Combat de Samson avec les Philistins.

Triomphe de David sur Goliat.

le roi, qui le trouva plein de sagesse et d'instruction, le tira de prison. Bien plus, il le fit élever sur un trône à côté de lui, sur la place publique, et le chargea d'amasser du blé pour empêcher les habitants de mourir de faim. Joseph s'en acquitta bien ; il prévint beaucoup de maux, et fit du bien même à ses frères. Il fut aimé de Dieu et estimé des hommes.

C'est ainsi que les bons rendent le bien pour le mal, et que les méchants les servent en voulant leur nuire.

Combat de Samson.

Samson étoit Juif. Dès son enfance il fut élevé sans boire de vin, et devint très-fort. Encore jeune, il tua déjà un lion, sans avoir aucune arme. Devenu grand, il se distingua contre les Philistins, ennemis de son pays. Dans un combat, il en tua mille avec une mâchoire d'âne. Enfermé dans la ville de Gaza, il en arracha les portes,

les prit sur ses épaules, et les porta
sur le haut d'une montagne. Pour faire
la paix avec les ennemis, les Juifs le
lièrent afin de le livrer aux Philistins;
mais, en présence de tous, il rompit
les cordes, et s'échappa. A la fin,
comme il faisoit du mal sans néces-
sité, Dieu permit qu'il révélât à une
philistine nommée Dalila, que le se-
cret de sa force étoit dans ses cheveux;
elle les fit couper pendant son som-
meil, et le livra aux Philistins. La
sobriété donne la force, mais il faut
en user sagement.

Triomphe de David sur Goliath.

David étoit un simple berger, ac-
coutumé à une vie dure, à se battre
contre les bêtes féroces pour garantir
ses troupeaux. Le hasard le fit trou-
ver au camp des Juifs, où étoient ses
deux frères. Là, il voit un géant, qui
depuis quarante jours insultoit à la
timidité des soldats juifs, qui n'o-

Daniel dans la fosse aux Lions.

Naissance de Jesus-Christ.

soient le combattre à cause de sa
taille énorme. David étoit petit, mais
fort, courageux, adroit, et favorisé
du Ciel sans le savoir. Indigné des
défis de cet insolent ennemi, il va
droit au géant, sans autre arme
qu'une fronde, et s'en sert avec tant
de succès, que du premier coup il le
renverse. Il lui ôte ensuite ses armes,
lui tranche la tête, et rentre victo-
rieux au camp. Il y fut très-bien ac-
cueilli par le roi, dont il devint l'ami,
et ensuite le successeur. L'homme ne
vaut que par ses bonnes qualités;
aussi, chez le peuple de Dieu la sagesse et le courage firent-ils d'un
berger un roi.

Daniel dans la fosse aux lions.

Le prophète Daniel étoit respecté
et chéri du roi Darius; mais ses vertus
lui firent autant d'ennemis, que ce prince
avoit de courtisans. Ils cherchèrent
quelque prétexte qui le fît paroître

coupable aux yeux du roi, afin d'avoir occasion de le faire périr ; et ils réussirent à persuader à ce monarque que ce prophète méritoit la mort. Le roi, qui l'aimoit, auroit bien voulu le sauver, mais trop foible, il consentit à prononcer l'arrêt qui condamnoit Daniel à être mis dans la fosse aux lions, pour être dévoré. Il y fut jeté en effet, sur l'instance des courtisans ; et l'on ferma l'entrée avec une grosse pierre. Mais Dieu ne permit pas que l'envie et la jalousie triomphassent de sa justice ; Daniel fut trouvé le lendemain sans aucun mal, à côté de ces animaux, moins à craindre que les méchants.

Naissance de Jésus-Christ à la Crèche.

Jésus-Christ, le Fils de Dieu, envoyé au monde par son Père pour sauver les hommes, et leur prêcher la meilleure doctrine, auroit pu y paroître au milieu des palais, dans les richesses, entouré de tout ce que les hommes regardent comme grand. Mais Dieu qui

Jésus prêchant les Docteurs.

Le mauvais riche.

aime la simplicité et la modestie, lui
donna pour père nourricier un char-
pentier, et voulut le faire naître dans
une étable, où la Vierge-Marie le mit
au monde sur de la paille, à côté d'un
âne et d'un bœuf. Jésus-Christ, plein
aussi de cette humilité, vécut modes-
tement sous les yeux de ses parents,
et très-soumis à leurs volontés; il ne
prouva sa divinité que par ses bonnes
actions. Par ce grand exemple, Dieu
voulut prouver aux hommes que l'on
peut faire beaucoup de bien sans être
riche; et aux enfants, que c'est un de-
voir sacré pour eux que d'être soumis et
dociles.

Jésus parmi les docteurs.

A peine Jésus-Christ sortoit de
l'enfance, que, tout Dieu qu'il étoit,
il s'assujettit au travail avec une cons-
tance admirable. Outre qu'il aidoit à
son père nourricier dans les travaux
de sa profession, il ne négligeoit aucune
occasion de s'instruire de tout ce qui

étoit à la portée de son âge; en il profitoit d'autant plus qu'il étoit très-appliqué. Aussi, dès l'âge de douze ans, il parut tout-à-coup au milieu des docteurs de la loi, gens les plus instruits du pays; en les étonna par la sagesse en les connoissances que l'on découvrit en lui. Il étoit cependant très-modeste, en il ne cessa de s'instruire encore jusqu'à près de trente ans. Ce fut alors seulement qu'il se mit à prêcher son excellente religion, qui n'ordonne que le bien, en ne défend que le mal. A son exemple, travaillons pour nous instruire, en profitons de ses préceptes.

Le mauvais riche.

Il y avoit dans la Judée un malheureux, nommé Lazare, homme extrêmement pauvre, en couvert de plaies. La maladie, la douleur en la foiblesse l'empêchoient de vivre du travail de ses mains. Dans son malheur, il eut recours à un homme riche du pays;

mais au lieu de le secourir, celui-ci le traite rudement, le fit chasser jusque dans la cour, et défendit qu'on lui donnât rien. Lazare demandoit qu'on lui donnât seulement les miettes qui tomberoient de ta table; elles lui furent refusées. Cependant les chiens, qui étoient dans la cour, s'approchèrent de ce misérable, et, plus sensibles que leur maître, ils soulagèrent le pauvre mendiant, en léchant ses plaies. Ainsi l'avarice et le mauvais cœur rendent l'homme plus méprisable que les animaux, et le font détester de Dieu et des hommes.

Mort de Jésus-Christ.

Jésus-Christ ayant commencé à prêcher sa religion, eut bientôt un grand nombre de disciples. Il alloit dans les villes, bourgs et villages, faire entendre la voix de la vérité. Il faisoit des miracles pour entraîner les plus incrédules : Il guérissoit les malades, rendoit la vue aux aveugles, l'ouïe aux sourds,

la vie aux morts. il eut bientôt converti les gens de bonne foi; mais il
avoit des ennemis puissants: c'étaient
les Prêtres et les Pharisiens, qui s'obs-
tinoient à maintenir leur ancienne religion, pour conserver les dignités et les
richesses qu'ils possédoient. Ils par-
vinrent à faire regarder Jésus-Christ
comme un homme qui troubloit l'État; et
ils le firent condamner à mourir igno-
minieusement sur la croix, entre deux
larrons. N'imitons pas ces juges per-
vers, et voyons la vérité dans ce qui
rend les hommes meilleurs.

Résurrection de Jésus-Christ.

Dès que Jésus-Christ fut mort, on
le mit dans un tombeau, et des gardes
furent chargés d'empêcher que ses disciples enlevassent son corps. Mais Dieu
le père, qui avoit permis que son fils
souffrît et mourût pour les hommes,
avant que de remonter au ciel, le fit
ressusciter le troisième jour. La pierre
du tombeau se leva pendant que les

gardes dormoient, et Jésus-Christ apparut à ses principaux disciples, et leur ordonna d'aller prêcher l'Evangile par toute la terre. Ils y allèrent, et la vérité fut entendue de la bouche des apôtres, telle que Jésus-Christ la leur avoit enseignée. Elle s'étendit peu-à-peu, malgré les persécutions, auxquelles les apôtres n'opposoient que la douceur ; et enfin, presque tout l'Univers adopta d'aussi bons préceptes, et méprisa ceux qui les rejetoient. Ainsi, tôt ou tard, la vérité triomphe des mensonges les plus accrédités.

ÉLÉMENTS D'ARITHMÉTIQUE.

Echelle des chiffres arabes.

unités.		dixaine et unités.		dixaines réunies sans unités.	
zéro.....	o	dix..........	10		
un.......	1	onze........	11		
deux.....	2	douze.......	12	vingt..............	20
trois.....	3	treize	13	trente..............	30
quatre...	4	quatorze....	14	quarante...........	40
cinq.....	5	quinze......	15	cinquante..........	5o
six......	6	seize.....	16	soixante............	6o
sept.....	7	dix - sept...	17	soixante - dix.......	70
huit.....	8	dix - huit...	18	quatre - vingts......	8o
neuf.....	9	dix - neuf...	19	quatre-vingt-dix...	90

cent.	mille.	dix mille.	cent mille.	million.
100.	1,000.	10,000.	100,000.	1,000,000.

Numération. Cette échelle augmentant par unité jusqu'à
vingt, onze est la même chose que dix et un; douze, dix
et deux; treize, dix et trois, etc. — depuis vingt, elle
augmente par dixaine, ainsi : vingt valant deux dixaines,
trente en vaudra trois, quarante en vaudra quatre, etc.
— les dixaines s'unissent sans difficulté aux unités : vingt-
un, trente-deux, quarante-trois, etc.; excepté soixante-dix
et quatre-vingt-dix, qui prennent la série de 10 : soixante-
onze, quatre-vingt-douze, quatre-vingt-treize, etc.

L'échelle des unités renferme tous les chiffres que l'on
peut employer, et ils ont une valeur de forme qu'ils con-
servent toujours; mais ils expriment des unités différentes, selon la colonne et la tranche où ils sont placés.
Ainsi, à la première colonne à droite, 1 exprime une unité
simple; à la seconde, une unité dix fois plus forte, une
dixaine; à la troisième, une unité dix fois plus forte que
la dixaine, une *centaine* : de manière que 111 signifiera
cent onze; 222, deux cent vingt-deux; 333, trois cent
trente-trois, etc.

Si dans l'une des premières colonnes on trouve un zéro,
sans rien exprimer, il conserve aux chiffres suivants le

rang où ils doivent être pour avoir la valeur qu'on a voulu leur donner ; par exemple, 220 renferme deux centaines, et deux dixaines, sans unités : deux cent vingt. 202, deux centaines et deux unités, sans dixaines : deux cent deux.

Ces trois colonnes forment une tranche, après laquelle chaque dixaine de cent fait une nouvelle unité, qui commence une autre tranche : ainsi dix cents font un *mille* ; dix cents mille, un million ; dix cents millions, un *billion* ; etc. : chacune de ces tranches peut avoir ses dixaines et ses centaines, en sorte qu'en divisant ses chiffres par trois, on les compte comme s'ils étoient seuls, excepté que l'on nomme les tranches supérieures :

millions   mille
222,   222,   222.

OPÉRATIONS.

Addition. On peut *ajouter* plusieurs chiffres pour n'en faire qu'une *somme*, par exemple 3 et 2 ; et c'est là une addition. Pour cela, on cherche dans l'échelle des nombres, le second chiffre au-dessous du 3, et l'on trouve 5, valant les deux autres. — Les chiffres simples se placent les uns sous les autres, on tire un trait au-dessous pour les séparer de la somme, et l'on additionne :
7 et 3 font 10, et 2 font 12 ; le 2 s'écrit sous les unités, et l'on avance la dixaine.

$$\begin{array}{r} 7 \\ 3 \\ 2 \\ \hline 12 \end{array}$$

S'il y a plusieurs colonnes, on place les unités sous les unités, les dixaines sous les dixaines, etc. on tire le trait, et l'on additionne les *unités* : 6 et 4 font 10, et 6 font 16 ; on pose 6 *sous les unités*, et l'on retient la *dixaine* pour la compter avec celles de la seconde colonne. On dit donc, 1 de retenu et 1 font 2, et 1 font 3, et 2 font 5 ; et l'on pose 5 *sous les dixaines* : ce qui donne pour somme 56. — On opère sur toutes les colonnes comme sur les unités ; leur place suffit pour marquer leur valeur ; et ce n'est qu'à cause des dixaines à retenir, que l'addition se commence à droite — le zéro n'est écrit à la somme que quand il n'y a point d'autre chiffre à poser ; il est inutile, s'il se trouve le dernier à gauche.

$$\begin{array}{r} 16 \\ 14 \\ 26 \\ \hline 56 \end{array}$$

Soustraction. Un nombre peut être retranché d'un autre qui est plus fort ou égal, comme 2 de 3, ou 3 de 3, en marquant ce qui reste ; et c'est là une *soustraction.*

Pour opérer, on écrit le nombre qui doit être rabattu, au-dessous de l'autre, les chiffres placés comme dans l'addition; on prend le premier chiffre dans l'échelle, on remonte d'autant de degrés qu'il faut rabattre d'unités, et là on trouve le restant, qui s'écrit au-dessous du trait.

qui de	3
paye	2
reste	1
qui de	4
paye	4
reste	0

S'il y a plusieurs colonnes, on soustrait successivement les unités, les dixaines, les centaines, etc. et s'il se trouve au-dessus un chiffre moins fort, *on emprunte*. Par exemple : sur 324 il faut payer 60. On dira, qui de 4 paye 0, reste 4; qui de 2 paye 6, *on ne peut.* Il faut *pointer* le 3 des cents, pour en prendre 1, qui vaut 10 dixaines; 10, et 2 que l'on avait font 12, et l'on soustrait : qui de 12 paye 6, reste 6; et qui de 2 ne paye rien, reste 2.

$$\begin{array}{r} 324 \\ 60 \\ \hline 264 \end{array}$$

Si de 100, il faut payer 41, par exemple; ne pouvant emprunter sur le zéro, on porte le cent aux dixaines, et de ces dixaines, on en porte une aux unités; et l'on dit : qui de 10 paye 1, reste 9; qui de 9 paye 4, reste 5. Le cent ayant été converti en dixaines, il n'y reste rien — c'est à cause des emprunts, qu'on commence à droite.

$$\begin{array}{r} 100 \\ 41 \\ \hline 59 \end{array}$$

Preuve de l'Addition et de la Soustraction.

L'addition faisant de plusieurs nombres une seule somme, cette somme doit être *égale* aux nombres additionnés; ce que l'on vérifie par la *soustraction*, et c'est la seconde opération, qui *prouve* si la première a été bien faite, que l'on nomme *preuve*. — S'il y a plusieurs colonnes, la soustraction commence à gauche, parce que les retenus y ayant été portés, il faudrait continuellement emprunter; et le restant de chaque colonne, s'il y en a, est compté comme dixaine avec le chiffre suivant. Par exemple, pour la preuve de cette addition, je compte les dixaines à payer : 1 et 1 font 2, et 2 font 4; et je dis, qui de 5 paye 4, reste 1. Je pose cette dixaine au-dessous et à gauche du 6, ce qui me donne 16 pour payer les unités, et je trouve que 6 et 4 font 10, et 6 font 16; or, qui de 16 paye 16, reste 0; ce qui prouve que 56 n'est ni trop fort, ni trop foible, et que l'addition est bonne.

$$\begin{array}{r} 16 \\ 14 \\ 26 \\ \hline 56 \\ 10 \end{array}$$

La soustraction ne fait que partager une
somme en deux parties, l'une qui est payée, et
l'autre qui reste; en sorte que l'addition de ces
deux parties doit redonner la somme que l'on
avoit auparavant. Ainsi de 324 on a payé 60, et
il reste 264. En additionnant 60 et 264, on retrouvera 324;

324
60
‾‾‾
264

Multiplication. Par l'addition, on peut prendre plusieurs fois un même nombre; par exemple, 5 fois 22 : ce qui donne pour somme 110 — mais ce moyen est très-long, quand il se trouve de gros nombres, et l'on abrégera si l'on prend 5 fois chaque chiffre, en opérant d'ailleurs comme dans l'addition : 5 fois 2 font 10, pose o, et retiens 1 ; 5 fois 2 font 10, et 1 de retenu font 11, pose 1, et avance 1. Le nombre à augmenter, 22, est le *multiplicande*; celui qui exprime de combien il doit être augmenté, 5, est le *multiplicateur*; et la somme qui en résulte, 110, se nomme *produit.* —Pour multiplier facilement, il faut absolument apprendre par cœur la table suivante :

22
22
22
22
22
‾‾‾
110

- 22
5
‾‾‾
110

2 fois	2 font	4	3 fois	9	ont 27	6 fois	6 font	36
2	3	6	3	10	30	6	7	42
2	4	8	4	4	16	6	8	48
2	5	10	4	5	20	6	9	54
2	6	12	4	6	24	6	10	60
2	7	14	4	7	28	7	7	49
2	8	16	4	8	32	7	8	56
2	9	18	4	9	36	7	9	63
2	10	20	4	10	40	7	10	70
3	3	9	5	5	25	8	8	64
3	4	12	5	6	30	8	9	72
3	5	15	5	7	35	8	10	80
3	6	18	5	8	40	9	9	81
3	7	21	5	9	45	9	10	90
3	8	24	5	10	50	10	10	100

Si au lieu de payer 22 objets à 5 francs, on les paye à 35 ; après les avoir payés à 5 fr. comme ci-dessus, je les paye ensuite à 30 fr , en multipliant 22 par 3; mais ce 3 étant une dixaine, je dis: 3 fois 2 font 6, et je pose ce 6 aux dixaines; ensuite, 3 fois 2 font 6, que je pose aux centaines, je tire un trait, je fais l'addition, et je trouve pour produit 770.

$$\begin{array}{r} 22 \\ 35 \\ \hline 110 \\ 66 \\ \hline 770 \end{array}$$

Pour multiplier un nombre par 10, par 100, par 1000, on ne fait qu'ajouter un o, deux o, trois o; parce qu'il ne faut que reculer les chiffres d'un, de deux, ou de trois rangs.

Division. Si l'on a 5 francs à partager entre 5 personnes, il est clair que chacun n'aura que 1 fr. C'est une soustraction partielle, que l'on nomme *division*, et dans laquelle le nombre à diviser se nomme le *dividende*; celui par lequel on divise, le *diviseur*; et celui qui exprime *combien il revient à chacun*, le *quotient*.

Si 5 me donne 1, 10 me donnera 2, parce qu'il renferme 2 fois cinq; on cherchera donc, pour la division, combien de fois le *diviseur* est renfermé dans le *dividende*; par ex., pour diviser 90 par 5, je dirai: dans 9 combien de fois 5? 1 fois; je pose 1 au quotient. Je mult'plie 5 par 1, je soustrais 5 de 9, il reste 4; je descends le o à côté du 4 , ce qui fait 40 à partager. Dans 40 combien de fois 5 , 8 fois ;

$$\begin{array}{r} \text{divi.} \qquad \text{diviseur} \\ 90 \left\{ \begin{array}{l} \text{par 5} \\ 18 \text{ quoti.} \end{array} \right. \\ 40 \\ 40 \\ 00 \end{array}$$

je pose 8 au quotient; et 8 fois 5 faisant 40, soustraction faite, il ne reste rien: d'où je conclus que 5 est renfermé 18 fois dans 90 , et qu'il revient à chacun des cinq, 18 fois 1 franc, ou 18 francs. — C'est à cause des restants que la division commence à gauche.

Si le restant avec le chiffre abaissé, ou le chiffre abaissé resté seul, ne renferme pas le diviseur, on met o au quotient : par exemple; pour diviser 100 par 25, je dirai dans 100 combien de fois 25 ? 4 fois. 25 multiplié par 4 donne 100, lequel soustrait de 100, il reste o; le dernier o étant abaissé, je

$$\begin{array}{r} 1000 \left\{ \begin{array}{l} 25 \\ 40 \end{array} \right. \\ 100 \\ 0000 \end{array}$$

dis, dans o combien de fois 25 ? il n'y est pas, et je met o au quotient, parce qu'en effet on a partagé 100 dixaines, qui ont dû donner 4 dixaines; et sans le zéro, il n'y aurait que quatre unités — Au reste on divise un nombre par 10, en retranchant un chiffre; par 100, en en retranchant 2, etc. parce qu'alors on avance les colonnes.

Preuve de la multiplication et de la division.

En multipliant 22 par 35, on a eu pour *produit* 770, qui n'est que le nombre 22 augmenté de 35 fois sa valeur ; et en le divisant par 35, on retrouvera 22 : ainsi la preuve de la multiplication se fait par la division.

$$770 \begin{cases} 35 \\ \hline 22 \end{cases}$$

En divisant 90 par 5, on a eu pour quotient 18, qui n'est que le nombre 90 diminué de 5 fois sa valeur ; en multipliant 18 par 5, on retrouvera 90 : ainsi la preuve de la division se fait par la multiplication. — Au reste, si la division effectuée, il y a un res e au dernier chiffre, on le réduit en parties décimales, par un o, deux o, etc., et l'on continue la division, qui donne au quotient des dixièmes, des centièmes, etc. que l'on sépare des entiers par la virgule.

$$\begin{array}{r} 18 \\ 5 \\ \hline 90 \end{array}$$

Système décimal des poids et mesures.
Unités.

MÈTRE, unité principale, mesure linéaire, remplaçant l'aune et la toise, et valant 3 pieds, 11 lignes, 296 millièmes de ligne.

ARE, mesure agraire, de 10 mètres *carrés* : 26 toises *carrées*, 32 centièmes.

LITRE ou *pinte*, mesure de capacité, contenant le 10.e *cube* du mètre : 50 pouces *cubes*, 4124 dix millièmes.

STÈRE, mesure de capacité pour le bois, mètre *cube*, contenant 29 pieds *cubes*, 1732 dix millièmes.

GRAMME ou *denier*, poids d'eau du 100 e *cube* du mètre ; pesant 18 grains, 827 millièmes.

FRANC, poids de 5 grammes, valant 1 livre tournois et 3 deniers.

Multiples d'unité.

De déca dix.	Décamètre, ou *perche*, ...	10 mètres.
	Décare, ...	10 ares.
	Décalitre, ou *boisseau, velte*,	10 litres.
	Décagramme, ou *gros*, ...	10 grammes.
De hecto cent.	Hectomètre..................	100 mètres.
	Hectare, ou *arpent*, ...	100 ares.
	Hectolitre, ou *setier*, ...	100 litres.
	Hectogramme, ou *once*, ...	100 grammes.

De	Kilomètre, ou *mille*, ...	1000 mètres.
kilo	Kilare, ...	1000 ares.
mille.	Kilolitre, ou *muid*, ...	1000 litres.
	Kilogramme , ou *livre*, ...	1000 grammes.

De	Myriamètre, ou *lieue*, ...	10000 mètres.
myria	Myriare , ...	10000 ares.
dix mille.	Il n'y a pas de mesure de	10000 litres. *Elle seroit trop forte.*
	Myriagramme , ...	10000 grammes.

Nota. Le stère et le franc n'ont pas de multiples déterminés.

Parties de l'unité.

De déci,	Décimètre , ou *palme* ,	10.ᵉ du mètre.
dixième	Déciare , ...	10.ᵉ de l'are.
partie.	Décilitre, ou *verre*, ...	10.ᵉ du litre.
	Décistère, ou *solive*, . .	10.ᵉ du stère.
	Décigramme, ou *grain* ,	10.ᵉ du gramme.
	Décime, ...	10.ᵉ du franc.

De centi ,	Centimètre , ou *doigt*,..	100.ᵉ du mètre.
centième	Centiare , ...	100.ᵉ de l'are.
partie.	Centilitre , ...	100.ᵉ du litre.
	Centistère , ...	100.ᵉ du stère.
	Centigramme , ...	100.ᵉ du gramme.
	Centime, ...	100.ᵉ du franc.

De milli ,	Millimètre, ou *trait*, ...	1000.ᵉ du mètre.
millième	Milliare , négligé, comme inutile par sa petitesse, pour la mesure des champs.	
partie.	Millilitre,...	1000.ᵉ du litre.
	Millistère , ., ...	1000.ᵉ du stère.
	Milligramme , ...	1000.ᵉ du gramme.
	Le millième du franc est négligé dans les comptes usuels.	

Chiffres romains.

1,	2.	3.	4.	5.	6.	7.	8.	9.	10.	20.	30.
I.	II.	III.	IV.	V.	VI.	VII.	VIII.	IX.	X.	XX.	XXX.

40.	50.	60.	70.	80.	90.	100.	200.	300.
XL.	L.	LX.	LXX.	LXXX.	XC.	C.	CC.	CCC.

400.	500.	600.	700.	800.	900.	1000.
CCCC.	D.	DC.	DCC.	DCCC.	DCCCC.	M.

nant les renseignemens ci-dessus, sera remis au greffier huitaine avant la remise du cahier des charges au greffe, et par lui inséré dans un tableau placé à cet effet dans l'auditoire du tribunal devant lequel se poursuit la vente.

645. Huitaine avant la remise du cahier des charges au greffe, pareil extrait sera placardé : 1.º à la porte de la maison de la partie saisie ; 2.º à celle du débiteur de la rente ; 3.º à la principale porte du tribunal ; 4.º et à la principale place du lieu où se poursuit la vente.

646. Pareil extrait sera inséré dans l'un des journaux imprimés dans la ville où se poursuit la vente, et s'il n'y en a pas, dans l'un de ceux imprimés dans le département, s'il y en a.

647. Sera observé, relativement auxdits placards et annonces, ce qui est prescrit au titre *des Saisies immobilières*.

648. La seconde publication se fera huitaine après la première ; et la rente saisie pourra, lors de ladite publication, être adjugée, sauf le délai qui sera prescrit par le tribunal.

649. Il sera fait une troisième publication, lors de laquelle l'adjudication définitive sera faite au plus offrant et dernier enchérisseur.

650. Il sera affiché nouveaux placards et inséré nouvelles annonces dans les journaux, trois jours avant l'adjudication définitive.

tions et du prix, et la revente sur folle enchère, seront observées lors de l'adjudication des rentes.

653. Si la rente a été saisie par deux créanciers, la poursuite appartiendra à celui qui le premier aura dénoncé ; en cas de concurrence, au porteur du titre plus ancien ; et si les titres sont de même date, à l'avoué plus ancien.

654. La partie saisie sera tenue de proposer ses moyens de nullité, si aucuns elle a, avant l'adjudication préparatoire, après laquelle elle ne pourra proposer que les moyens de nullité contre les procédures postérieures.

655. La distribution du prix sera faite ainsi qu'il sera prescrit au titre *de la Distribution par Contribution*, sans préjudice néanmoins des hypothèques établies antérieurement à la loi du 11 brumaire an 7.

TITRE XI.

De la Distribution par Contribution.

656. Si les deniers arrêtés ou si le prix des ventes ne suffisent pas pour payer les créanciers, le saisi et les créanciers seront tenus, dans le mois, de convenir de la distribution par contribution.

657. Faute par le saisi et les créanciers de s'accorder dans ledit délai, l'officier qui aura fait la vente, sera tenu de consigner, dans la

www.ingramcontent.com/pod-product-compliance
Lightning Source LLC
LaVergne TN
LVHW021002090426
835512LV00009B/2035